帰ってきた
生協の白石さん

白石昌則

Return of Shiraishisan
working in the COOP

Shiraishi Masanori

KODANSHA

まえがき

2005年の秋に、大学生協に対するご意見ご要望の投函に対し返答を掲示する「ひとことカード」のやり取りを紹介した書籍『生協の白石さん』を発刊していただきました。あれから18年が経った今、またもこのような機会を授かり、今昔様々な感謝の念が胸を去来しております。

当時、ひとことカードの往復書簡はほとんどの大学生協で運用されており、私が在籍していた東京農工大学の生協はむしろ後発の方、しかもその運用を恒常化したのは私ではなく、その前任者でした。たまたま私が担当した回答用紙が学内のとあるサークルで運営していた掲示板にアップロードされ、それがインターネット上で話題になり、さらには別の学生が、その頃流行のツールであったブログへ、私の回答に特化した掲載をしたことでさらに拡散。目に留めてくださった出版社からお声を賜るという幸運を得ました。

遡れば1970年代から存在していたひとことカード、またその返答にも、その大学の名物的なものがあったと聞いております。それが書籍化に至ったのは、ネットによる波及の力が作用する、その黎明期であったことが大きく寄与してのことであり、また、それが無ければ、良くて学内の名物止まりであっただろうと思われます。

東京農工大学の教職員の皆さまからは、日頃より励ましの声掛けを頂戴するのみならず、効果的な広報の場を設けていただいておりました。また在籍されていた学生も、自身の質問が掲載されることで著作権を主張する人などは現れず、むしろ出来上がった本に自身が寄せた投函内容が載っているのを見つけるや、喜びと感謝の意を述べてくれるような方達でした。その他職場の上長、スタッフ、出版社の方々、加えて家族や友人など、様々な方に支えられていることを実感し、運の良さ、縁の深さに、恩を感じていました。

その学生の皆さんも、18年経った今はいわゆるアラフォー、元気にお過ごしでしょうか。あの頃の私の年齢よりお兄さん、お姉さんになっていますね。そりゃあ、自分も歳を取るはずです。その世代の方々から寄せられたひとことに対し、常に皆さんより先んじて年齢を重ねている私が、誠に僭越ながら返答をしたためさせていただきました。とはいえ、アラフォーもアラフィフも、もはや大して変わりはしません。どうか、皆さんならばどう回答するかを想像し、私の拙《つたな》き返答に時には共感し、時には違和感を抱きつつお目通しいただければ幸いに存じます。また、お子さんが大学にご入学される折には、運転免許は生協が安心、かつお得であることを申し添えます。

帰ってきた生協の白石さん 目次

Contents

令和の大学生からの質問47

現役大学生から届いた
白石さんへの質問!
今ドキの大学生は何を聞くのか!?

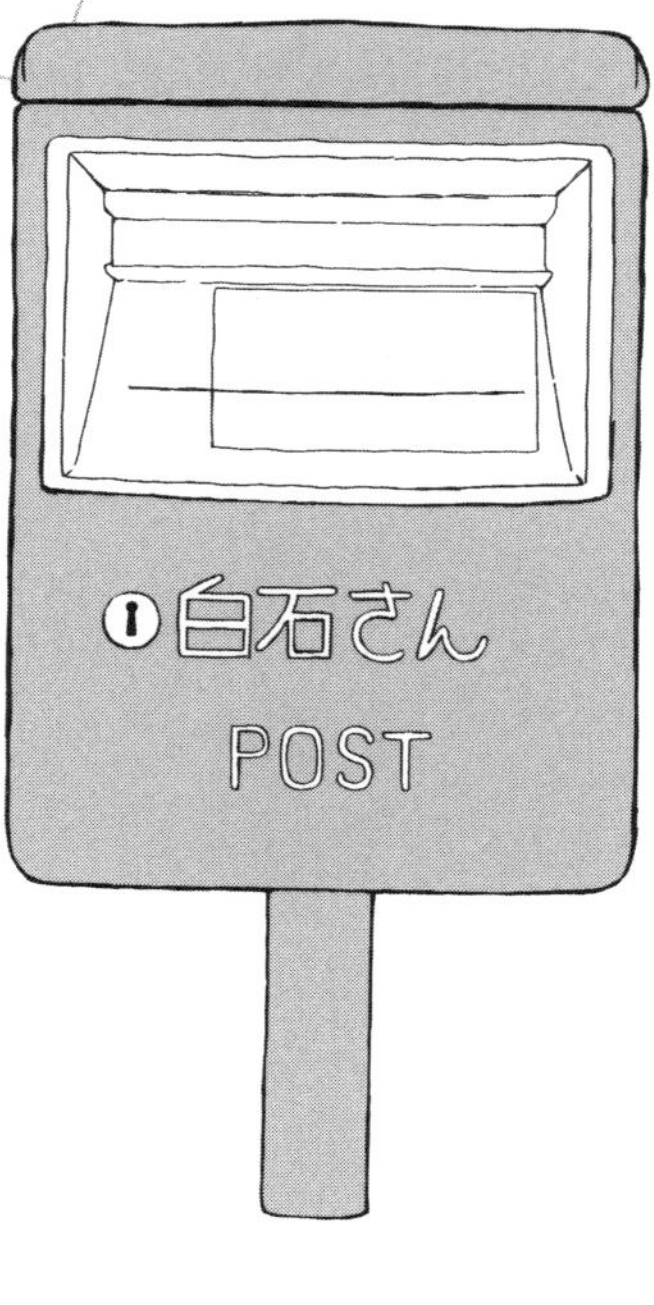

●白石さんへの質問・相談

Q.

友達は多ければ多いほどいいとおもいますか?

●白石さんからの答え

A.

そうですね。難しいのは、何をもって友達というのか。解釈は人それぞれですよね。

私の場合は、何となく会おうかと思った時、気軽にアポイントが取れ、会った時にはオチの無い話を言い合え、その場を楽しく過ごせる間柄かと解釈しております。

その場合、多い方が賑やかなのでそれに越したことはありませんが、家族以外にそのような人が一人いるだけでも、大変ありがたいことです。

ご自身にとっての友達は、どんな存在でしょうか。

●白石さんへの質問・相談

バンドのギターボーカルを探しているのですが、入っていただけませんか？

●白石さんからの答え

魅惑的なお誘い、じんわりと染み入ります。かつては仲間とバンド演奏を楽しんでいた時期がありましたが、残念ながら、ギターは習得しておりません。コードのFは、いまだ押さえられないのです。

一方、コードのCは押さえることができます。職業柄、CO-OPの頭文字として想いを託し、こちらの加入促進に従事いたします。入りたくなったら、いつでもお声掛けください。

●白石さんへの質問・相談

靴下にすぐ穴が空いてしまいます。安全靴ならぬ安全靴下はないですか？

●白石さんからの答え

穴の空きにくい耐久性に優れた靴下は、ワークマンなどの作業着販売店にて品揃えしているようです。

近年では作業着の一環としてのみならず、ビジネスマンにも重宝されているようです。

しかしながら、生協に勤めている私が他のお店のご利用を促していること自体、営業上穴のあるナビゲーションと言えそうです。

自らの不甲斐無さに、穴があったら入りたい所存です。

●白石さんへの質問・相談

どんな相手も幸せにする最高の褒め言葉を教えて欲しいです。

●白石さんからの答え

どんな相手も幸せにできたら、人心掌握で世界征服できちゃいますが、「心ゆたかな暮らし」を標榜する生協の理念に反してしまいますゆえ探求いたしかねますことをご了承ください。

褒められると大なり小なり、嬉しく幸せな気持ちになるのは万人に共通かと存じます。ただ、自分だけでなく別の人も同じ褒められ方をしていると知ると、多幸感が薄まるのではないでしょうか。博愛主義って、時に罪深いですね。

折に触れ、お相手のみに対して一番幸せにする言葉をご選択いただければ幸いに存じます。

●白石さんへの質問・相談

『チェーンソーマン』で、こいついいなと思ったキャラがどんどん死んでいくんです。推しを作っちゃいけないアニメって恐ろしいですよね。

●白石さんからの答え

私も先程知ったのですが、正しくは『チェンソーマン』とのことです。余分な棒は、チェーンソーで切ってもらいましょう。

キャラクターの新陳代謝は、遡れば『太陽にほえろ！』以来、作品の魅力を引き立たせる一つの手法かと存じます。むしろ推しを作った方が、はらはらする醍醐味を存分に感じられるのではないでしょうか。

エンターテイメントの世界は、胸躍らせてなんぼですね。これからもご満喫ください。

●白石さんへの質問・相談

夏日、
真夏日、
猛暑日、
さらには
酷暑日まで。
次は何に
なるのでしょう?

●白石さんからの答え

きわめて高い確率で、やがて秋になるかと思われます。

●白石さんへの質問・相談

渾身のダジャレ聞いてください。「ラムダ式なんて覚えてもムダ！」

●白石さんからの答え

謹んで拝聴いたしました。進んで打席に立つことの大切さ、大いに共感しております。そしてこのたびのお言葉、ビートに乗せて発すれば、さながらラップバトルの一節のようなキレをも感じずにはいられません。

これからも、紡ぎ出される文による韻の踏みをご継続されれば幸いです。

その際、今後は当方へのご報告は一切に無用ですので申し添えます。

●白石さんへの質問・相談

野球部3人組でバズりたいんですけど、どうすれば良いですか？

●白石さんからの答え

お三方のキャラ設定も重要ではないでしょうか。

3人組で誰しもが真っ先に思い浮かぶのは『水戸黄門』ですが、もし内角低めに印籠のサインを出すのであればその役割は助さんよりも、拡散の方が縁起が良いかと存じます。

黄門さまは、控えに回っていただければ幸いです。

●白石さんへの質問・相談

かわいいというレッテルが欲しいです。生協にありますか？

●白石さんからの答え

かわいいという皆さまからの評を日頃よりほしいままに寡占している生協にすら、そのようなレッテルのお取り扱いはございません。お力添えできず、まことに申し訳ございません。

また、レッテルは貼るものですが、近年は生協に限らず多くのお店でプライスラベルは商品に貼らず、棚への表示で価格をご確認いただいております。

かわいさの世界においても、価値を自ら貼るよりは、他所で示される奥ゆかしさの方が魅力を増幅させてくれると思いますよ。

●白石さんへの質問・相談

彼氏に浮気されました。どうすればいいでしょう。PS：包丁はどこで取り扱ってますか？

●白石さんからの答え

許すのか、許さないのか。

ご本人同士の問題につき口を挟むことを慎みますが、包丁はホームセンターや金物屋などでご購入いただけます。

但し感情的に振り回すのはもってのほか、浮気を許すのであれば、料理の腕前を振るう時のみにご新調ください。

●白石さんへの質問・相談

流れ星が現れたので、
中学時代に戻りたい！
と言いたかったのですが
慌てていたので、
中国時代に戻りたい！
と言ってしまいました。
どうすれば
キャンセルできますか。

●白石さんからの答え

ご安心ください。中国時代という時代はございませんので、言い間違いも正しくファジー認識されることでしょう。

但し学年を具体的に、中一時代に戻りたいと発せられた場合、願い叶って、往年の旺文社発行誌のバックナンバーがご自宅に届いてしまうおそれがございます。

似て非なるものを愛読されていた場合は、中一コースに戻りたいと心の中で復唱しご訂正ください。

●白石さんへの質問・相談

Ｔｗｉｔｔｅｒが有料化したときに備えてネットスラングを勉強したいのですが、最も効率のいい勉強法を教えてください。

●白石さんからの答え

ネットスラングの世界は新陳代謝が激しめかと思われますゆえ、Ｔｗｉｔｔｅｒにて発信情報をリアルタイム検索するのがよろしいのではないでしょうか。

●白石さんへの質問・相談

クリスマス僕と遊びませんか。

●白石さんからの答え

大人になっても、親の教えが染み付いております。私の場合は母より、知らない人には付いていかないようきつく、きつく言われていたのです。

お誘いを断つような返答となり心苦しいばかりですが、ご自身も特別な日は、互いによく知ってる人と時を過ごすのが最善かと思われます。

決してもろびとが、こぞらなくたって良いんです。メリークリスマス。

●白石さんへの質問・相談

生協に売ってないものを箇条書きで教えてください。

●白石さんからの答え

できる限り数多くの品を揃えたいのが本心ですが、世に溢れる商品のうち、生協で販売しているものは、ごくごくほんの一部です。売ってないものの方がそれこそ過剰にあり、書き出しきれず申し訳ございません。

選別して仕入れた商品が幸運にも地域の皆さまにお役立ていただいたとしても、みずから恩を売ることはございませんのでご安心ください。

●白石さんへの質問・相談

合わせ鏡で
3番めに映る顔が
死ぬときの顔だと
聞いたのですが、
先程満面の笑みを
確認してきました!

●白石さんからの答え

満面の笑みですか。それは何よりです。
暗示としては、幸せな表情でお迎えを受け
入れられるということで、安心ですね。
ひいてはそのご確認で、寿命が延びる思い
を得られたのではないでしょうか。
重ねて何よりです。

●白石さんへの質問・相談

ここ数日
大根の葉っぱしか
食べてません。
生協にもっと
美味しいもの
ありませんか?

Q.

●白石さんからの答え

大根は俗に、葉よりも根の方が食用に適していると認識されている根菜です。生協は多種多様な食品を取り揃えておりますが、まずは大根を、適正に摂取していただくことをおすすめいたします。

これは紛れもなく、根も葉もある話です。

A.

●白石さんへの質問・相談

背徳感は最高のスパイスと聞きました。背徳感は取り扱っていますか？

●白石さんからの答え

そうですか。最高のスパイスは、背徳感ですか。

どうやら生協には、無念ながら最高のスパイスはお取り扱いがないようです。

背を腹に代えて、お腹にお得感ある品揃えでスパイシーに対抗したい所存です。

●白石さんへの質問・相談

白石さんの一番好きな擬音はなんですか?

Q.

●白石さんからの答え

この世に生を受けて、50年余りが過ぎました。振り返ればあっという間のような、とは言え、様々な想い出が胸中に去来いたします。その中で、好きな擬音を尋ねられたのは生涯初の出来事です。

おそらく尋ねられたことのある人の方がごく少数派ではないかと、不意でありながら感慨を深めております。

また、擬音に対する嗜好および興味関心の面で考察すると、さながらAMSR効果の訴求に特化した動画の再生数が伸長する真相のアプローチにアハ体験したような心地です。

いずれにせよ、初めてのことに触れるというのは自らの経年に依らず、胸の鼓動を高鳴らせてくれるものです。貴重な機会を与えてくださり、厚く御礼申し上げます。前置きが長くなりました。一番好きな擬音は、きゅんです。

A.

●白石さんへの質問・相談

白石さん
どうしましょう。
床に落ちている毛が
自分の毛か
飼っている猫の毛か
判断できないんです！

●白石さんからの答え

お悩みのご様子であると推し量ります。でも、心配ご無用です。

ご自身のものか猫のものかにかかわらず、床に毛が落ちているという事象には、なんと、何ら変わりはないのです。

どうしましょうとのことですが、どうやら、掃除をすれば良いのです。ご自身の毛であってほしくないという思いがある場合でも、抜けてしまった毛は頭皮に戻れぬゆえ、考えたところで、余計に抜けてしまいかねないですからね。

現実頭皮のため、育毛は各自でご対策ください。

●白石さんへの質問・相談

大学生デビューでセンター分けにする事でしか得られないあの感覚なんですか？

Q.

●白石さんからの答え

センター分けが果たして大学生デビューに適しているかはさておき、人生における節目において髪型を変えるあの感覚は、何ともいえないものですよね。私もツーブロックには、本当にお世話になったものです。

学生の遊べるうちが華、と言われたことを振り返りますが、人生においては、髪で遊べるうちが華です。やがて、遊べなくなるんです。これ、本当です。

いま、この感覚を大切にお過ごし下さい。

A.

●白石さんへの質問・相談

こんど
いもうとがうまれます。
すてきなおねえさんに
なれるかしんぱいです。
どうすれば
すてきなおねえさんに
なれますか?

●白石さんからの答え

すてきなおねえさんになれるかなんて、きにしないことです。

せっかくいもうとがうまれるのに、しんぱいしたりむりしたりすると、いもうとからみたおねえさんのかおが、きらきらしないですよ。

じぶんをだせるきらきらした、すてきなかんけいがかぞくです。

いもうとがうまれるのをたのしみにまって、うまれたらよろこんで、やさしくしたいときにやさしくしてあげてください。

●白石さんへの質問・相談

なぜ夕日は真っ赤で綺麗なのでしょうか？僕の心はこんなにもブルーなのに。

●白石さんからの答え

詩人ですね。でも、ちょっとアンニュイなのが気になりました。ブルーな気持ちに、少し明るい色を差し混ぜてみませんか。黄色あたりはいかがでしょうか。

すると、どうでしょう。いいんだよ、グリーンだよ、と一転して糖質オフな気配の空気に包み込まれます。

綺麗な夕焼けを肴にご晩酌ください。

●白石さんへの質問・相談

人間の魂の行き着く先を教えてください。

●白石さんからの答え

どこでしょうね。わからないですね。難しいですね。

腹を割りますと、そちらのソウルより、今週末に行く隣国のソウルの方が気になります。まことに恐縮です。初日は明洞か南大門市場のどちらに行こうかを迷っております。

生きている間は魂のことなんかより、なんか楽しいことを考えていた方が、結果として魂が浄化する人生となると信じ、ハニーバターアーモンドを土産に8個ほど買って帰ります。

お申し付けいただければ、9個にすることも厭《いと》いません。

白石さんの言葉

「寮生活への感謝」

大学生活の4年間は、男子学寮で暮らしました。とはいっても食事が提供されることはなく、あくまで住まうための自治寮です。当時の寮費は大体月7000円から、暖房による光熱費上昇が按分加算される冬でも1万円ほど。経済事情の厳しかった私はそこに居住する以外の選択肢は無く、4年生になるまで個室を与えられず相部屋となることも、甘んじて受け容れざるを得ない状況でした。

個人のプライバシーは脆弱で、電話がその一例です。ケータイがまだ世に出ていない時代。寮に掛かってくる電話は事務当番の寮生がとり、誰宛なのかを寮内放送で朗々と伝え、呼ばれた者が寮内の子機まで駆けつけ通話するというシステムでした。その放送にて、男性からの電話は「でんわ」、女性からの場合は「おでんわ」、親からの場合は「おおでんわ」と添えられるので、寮内にいるすべての者に、どんな人からの入電かが漏れ無くシェアされます。おでんわの数をカウントされ、10回に達したところで先輩方から簀巻《すまき》きにされる不要不急のキャンペーンが発生することもあり、抜き差しなりません。

年替わりに新陳代謝し居を共にするのは70名ほど、顔ぶれは様々です。当たり前のことですが、高校までのクラスは皆、同年齢です。部活は先輩後輩関係がありますが、同じ志を持った集まりです。一方、寮生は１年生からＭＡＸ８年生まで、部活のような共通の志向や目的などは無い集合体です。私のそれまでの人生において、同じ寮でなければ関わらなかったであろう、うまいこと触れ合いを避けていたであろう方達と、毎日同じ屋根の下で生活していると、心穏やかでないこともありました。そういう心理が働いているときに限って、寮内の飲みの場で大勢いたはずの参加者がめいめい脱落し、気が付けば自分と、やや苦手意識を抱いていた先輩の２人きりになり、語りを交わさざるを得ない場面が訪れたりします。同じ屋根の下ゆえ、家に帰るという逃げ道は無いのです。

しかしその先輩のお話を聞くと、確かにそれまで抱いていた自分の考え方や価値観とは異なるものの、その先輩なりの気遣いや思考に一理有ると気付かされたりもします。このような遣《や》り取りを経て苦手意識が解消され、むしろ家族のような仲間意識に変わっていったことは少なくありませんでした。夜が更けてからが毎晩長く、寮内の溜まり部屋のあちこちで深い話や、まったく深くない話が弾み躍っていました。そのような積み重ねで人に対する食わず嫌いが幾ばくか払拭されたのは、おそらく他の寮生達も同じだったのではないかと、多種多様な若かりし人間の感性に触れられたことに思いを馳せます。

寮は絶え間なくイベントが発生する場所でもありました。自治寮につき、半年任期で寮内統治の役が回ってきたときはきちんと方針を出し、任期満了の折に総括します。それらは寮生出席の総会で議決されます。

また、定期的にスポーツ大会やバンド演奏会なども催されます。大学の学祭よりも遥かに長い2週間ほどの期間を設け、女子寮の有志も参加して開催される寮祭のコンテンツは盛り沢山でした。配役や演出、音楽、道具担当などを決めて数ヵ月前から本格的に準備練習する寮劇のほか、全寮生参加型の賞品獲得企画、各自が内に秘めたる持論を解き放つ弁論大会、女装または男装コンテスト、ブロック別に披露されるコントや出し物、市内をコースに襷《たすき》を繋ぐ駅伝などなど。最後は何故か夜の大学グラウンドで炎を囲み、ふんどし一丁で歌い踊りながら大団円となる、何だかよくわからないエナジーを放出し合うお祭り催しです。開催直前に情宣と称し、寮生一同仮装しながら市内を練り歩く様は、今思えば現代におけるハロウィンのコスプレ光景を数十年前から先取りしたようで、ほんのり誇らしく感じます。

このような日常における非日常体験が貴重だったことは言うに及びませんが、私の場合、運良く有り難いことに自らに関する書籍を刊行していただいた折、あのような回答になるのは、どのような経験が影響しているのかを方々で聞かれたとき、すぐに思い浮かんだのは上述の寮生活でした。半年任期の役を務める折には、例えば寮内行事のお知らせを書いて掲示する際、ただ内容や日時を羅列するだけでは読み逃されてしまうので、何かしら余計なことを加筆し、興味を惹くことで本筋の情報も把握してもらおうと、多くの寮生が各自楽しみながら工夫していました。また、とにかくイベントが多く、これをやったら面白いのでは、と思い付いたことを、通常の学生生活では思い付いた止まりで自らの案を推進し切れないところ、存分にやり切って披露できる場面がふんだんにあった文化でした。日常における他愛無き営みも、バンドやスポーツ、コントなどの出し物においても、同志が互いに気負うことなく集まりやすい環境であったことは、当時は気付くことがありませんでしたが、実に得難いものです。結果、多くの寮生の感性に触れることができ、おのずと自分自身も大きく影響を受け、また、伸び伸びと発信できた寮生活でありました。他の人なら周囲の受けや評価を気にして躊躇する臨界点を恐れないことが、幸いにも吉と出たと振り返る次第です。

18年前にインターネットを通じ自分の職務の一端を話題にしていただいた頃、大学生協に属する方々は一様に、事の顚末《てんまつ》に驚きを隠さず、むしろ今後の私の身を案じ、これ以上騒動を大きくするのは控えた方が良いのでは、との助言も受けました。一方、大学寮の仲間たちからは「お前、社会人になってもまだこんなことしているのか」「上手いことやりやがったな」「ずるいぞ、俺の方が面白く書ける」と、これまた一様に、寮生活を懐古するかのような声を掛けられました。

この寮にいたからこそ、幸運に恵まれたのだとしみじみ実感し、感謝の念が呼び起こされた出来事でした。

Column

●白石さんへの質問・相談

恋愛ってデータじゃないんだよね。

●白石さんからの答え

仰る通りかと存じます。とはいえ、恋愛は相手あってのものですね。

主観は自らの感情や感性によるものですが、相手にとってより喜ばしいことを考えるとき、主観以外の客観を要する場面は少なくないと思われます。

相手は本当のところどう思っているだろうか、こう考えるとき、本人も知らぬうちにこの場合はこう、というようなデータを引用して推し量っているものですからね。

恋愛において正しく客観を表すものとして、決して不要とはならないデータとも上手にお付き合いいただければ幸いです。

●白石さんへの質問・相談

スイカバーに塩をかけたら甘くなりますか？

●白石さんからの答え

飽く無き食への探究心に頭の下がる思いです。

本件に関しては、たとえ求められたとしても、決して塩対応をしない構えであることを表明いたします。

どうぞそのままお召し上がりください。

●白石さんへの質問・相談

石油王です。買い取るなら日本とアメリカどっちがいいと思いますか？

●白石さんからの答え

石油王から判断を委ねられるほど、生協の影響力が増してきていることに戸惑いを隠せません。

一方で買収の候補に、日本が入っていること自体が穏やかではございません。

買い取りは頓挫していただき、石油王らしく、ここはなるべく長く油を売ってください。

●白石さんへの質問・相談

入れておくと宿題が終わるファイルを入荷して欲しいです。

●白石さんからの答え

さながら、食洗機のようなご発想かと感銘を受けました。

もしもそのようなファイルが各家庭に普及されたとしたら、皆使っちゃいますよね。

しかしながら人間の脳で考えて為《な》すことを、道具が完了してしまう。これは宿題が終わる話というより、人類の終わりの始まりではないかとSFホラーに身を震わせつつ、開いたファイルをそっと閉じることにいたします。

ご自身も発明されるまでは、人類の意地を見せつつ人力での宿題完了にご奮闘されることを願ってやみません。

●白石さんへの質問・相談

質問ボックスにキラキラのペンを追加してほしいです。

●白石さんからの答え

質問ボックスへのご要望ありがとうございます。

寄せられたお問い合わせには、引き続き真摯に対峙し向き合うのが望ましいと考えております。

キラキラのペンでご記入いただいた場合、まぶし過ぎて直視できないことを鑑み、惜しみなく普通のペンをご用意いたしますことをご容赦願い申し上げます。

●白石さんへの質問・相談

テトラポットを5つほどいただきたいのですが？

●白石さんからの答え

ときに家電を仕入れることもある生協ですが、お取り扱いにそのようなポットはございませんでした。お力添えできず、申し訳ございません。

なお、似て非なる名称にテトラポッドがありますが、防波の役割のため設置されておりますゆえ、さながらこのたびのお問い合わせのごとく、決してその上で釣りなどしないようご注意ください。

●白石さんへの質問・相談

カットされた
ブルーライトの気持ち
考えたことありますか?

●白石さんからの答え

寄り添うお気持ちゆえのご質問かとお察し申し上げます。

カットされたとのことですが、実のところブルーライトは変わらず、強いエネルギーを放ち続けています。

それがあまりにも眩しすぎて、見る側の人間がまぶしさを軽減するためのメガネなどを着けて対策しているに過ぎないのです。

眩しかったとしても、そこまでして見たいと思わせるブルーライトの魅力の為《な》せる業ということをご了承願います。

●白石さんへの質問・相談

加湿器に
オレンジジュース
入れたら
オレンジ色の
ミストが出て
綺麗だと思うのですが
どう思いますか?

●白石さんからの答え

実にベタな話かと思います。

●白石さんへの質問・相談

先週、競馬で120万擦ったってほんとですか？

●白石さんからの答え

事実無根につき、心配はご無用です。ただ仮に本当だった場合、痛恨の出来事の真偽をオープンに問うそのマインドに、芝・ダート問わずの自在な脚質を併せ持つサラブレッドがゲート入りを嫌がる際の後ろ蹴りを喰らわせたい、と逆恨みされるかもしれませんのでご注意ください。

●白石さんへの質問・相談

格闘ゲームでご飯を食べていきたいです。

●白石さんからの答え

一聴して難易度の高い志と感じ受けましたが何のその、人生は選択と挑戦の連続ですね。

格闘ゲームの面白さ自体は、既にある程度広く知られているかと存じます。これを生業とする場合、まだ広く知られていない何らかの要素を加えて、見る人の意表を突くような注目を集めることが必須と思う次第です。

そのために、ゲーム以外の様々な経験や体験を通して知見を広げ、ゲームの世界の面白さを有機的に結び付け演出するアイデアを得ていただければ幸いです。

●白石さんへの質問・相談

人間より〝蟻〟の方が偉い。

●白石さんからの答え

どちらがより偉いか、という概念は蟻社会に無いかもしれません。

生態として知られている女王蟻と働き蟻の関係性もまた、人間社会の通念になぞらえ名付けられているに過ぎないですからね。

ゆえに、蟻を人間より立てたとしても意味は無く、ひとつのあり様に過ぎないかと存じます。

●白石さんへの質問・相談

優しさ（下心を含む）……だったのね？

●白石さんからの答え

何を指していらっしゃるかは存じかねますが、恋というのもその字のごとく、相手の気を引きたい下心がある感情だと聞いたことがあります。

下心を含んでいたとしても、優しさを受けるうちが華ではないでしょうか。

やがて、下心が真心になる字があるとも聞いたことがあります。

それが何なのかは、当方も模索中です。

もしも判明したら、そっと教えてくださいませ。

●白石さんへの質問・相談

私は左利きですが、ラーメンは右手で食べます。

46

●白石さんからの答え

意外なお話に、麺食らいました。

そう締め括ろうとしたところ、横で見ていた家族から、その返答の不味《まず》さはあんまりではないかと意見されました。

感性はスープのたれのように、創業以来継ぎ足し継ぎ足しとはいかないようです。暖簾《のれん》を下ろすか、または私の右腕の後進者に託し、替え玉の出番を検討いたします。

話が横道に逸れました。私は右利きで、ラーメンも右手で食べます。

カウンターで隣同士になっても、それほど気を遣わずに済みそうで安心です。

●白石さんへの質問・相談

学食に
ロコモコがなくて
困っています。
助けてください。

Q.

47

●白石さんからの答え

ご在学の学食に是非、リクエストを出してみてください。

すぐの実現が難しい場合でも、同様の声の積み重ねで事態を動かすこともございます。

結果、実現に至らなかったとしても、学食にロコモコが無い事態が実はそれほど人々に助けを請うほどには困ることではないかもと、気付く時が訪れるでしょう。

熱い想いは、時に人を盲目にさせてしまいますからね。

でも、ロコモコは冷めても美味しいですね。

A.

●白石さんへの質問・相談

最近授業中にメタバース空間に行ってしまいます。どうすればいいですか？

●白石さんからの答え

行ってらっしゃい、メタバースの空間へ。教鞭を振るいつつも、かくも穏やかに送り出す先生がいたとしたら、それこそバーチャルの産物かと思われます。

瞑想と迷走は、似て非なるものです。現実世界の授業へ、どうぞ道迷わずにお帰りなさいませ。

●白石さんへの質問・相談

貴方はバスの運転手です。最初のバス停で3人乗り次のバス停で2人降り1人のお婆さんが乗って来ました。お婆さんの年齢を答えてください。

49

●白石さんからの答え

この情報のみでは解明できなかったので、率直にご年齢をお婆さんに尋ねてみると仮定しました。すると、レディーに対して失礼なことを聞くなと一蹴されることが推論として導かれました。ややもすれば、がらがらの車内にもかかわらず意固地に座らないお婆さんが目の前に立つ姿など、諸々望ましくない光景が、脳内に寄せては返します。

結果、お婆さんが何才かは判らずじまいでしたが、解が不明であること、それこそが正解であると心得ました。

その代わり、女心への配慮足らずな仮定を用いた私が青二才であることを痛感した次第です。

●白石さんへの質問・相談

USBは「指で差し込める媒体」の略ですか？

Q.

●白石さんからの答え

USBが何の略語であるか。近年では手元の情報端末で手軽に調べられ、本当に便利な時代になりました。

「指で差し込める媒体」が不正解であること、ご本人も承知と思われますが、この不正解自体、情報端末で調べても検索結果に現れないことこそ、オリジナリティの表れであると感じ入りました。

ネット無き時代も、帰宅部長のことをGoHome Quicklyの英訳からGHQと崇め、彼の発する珠玉の言葉に、クラスメイトの多くが家ッサーと仕えていたものです。

昔も今も変わらず、略語の解釈は自由奔放で良いかと存じます。

A.

●白石さんへの質問・相談

うちの庭で
見た目はピーマン、
味は茄子の
植物がなってます。
新商品にしてください！

●白石さんからの答え

見た目がピーマン、味が茄子ですか。大発見ですね。

どうでしょう。生協での新商品に推す前に、まずは然るべき機関へ、新種の作物として情報発信をされた方がよろしいのではないでしょうか。

このスクープ、迂闊《うかつ》に漏洩させないことを固く誓います。

のちにマスコミを賑わされた場合のみ、実は前から知っていたよと、後出しの軍師のように振る舞うことをお許しくださいませ。

●白石さんへの質問・相談

サボテンに水をあげる仕事ないですか?

●白石さんからの答え

当方の調べでは該当のお仕事は見当たりませんでしたが、必要とされる職は、時代とともに変遷していくものですね。

サボテンに特化した求職に限定していることから察するに、その分野には幾ばくかの知識と自信が備わっているかと存じます。

現在の水やり市場が更地と考えれば、ここは他の人では及ばないサボテンへの奉仕っぷり、それによりもたらされるメリットなどを発信される絶好のタイミングではないでしょうか。

人々の目に留まり、思わぬ需要を授かるコロンブスの卵になれれば良いですね。

●白石さんへの質問・相談

相対性理論と特殊相対性理論どっちがすきですか?

●白石さんからの答え

選べずにおります。どちらも隙の無い理論でした。

●白石さんへの質問・相談

適職診断サイトで診断結果が「猫」と出ました。どうすれば内定貰えますか？

●白石さんからの答え

大学生活を能動的に楽しんでいただくのが良いかと存じます。企業面接時に学生時代を振り返り語る時、ご自身の経験がもたらす、付け焼き刃ではないオリジナルの活きた言葉が人となりを表し、どのような学生であるかを知りたい企業とのマッチングに有用な情報発信となることでしょう。

また、エントリーシート作成やSPIなど就活適性検査の対策準備は怠らず、身だしなみは清潔感重視で整えておきましょう。志望する企業や業界の情報は自身での収集のみならず、友人同士のネットワークや、大学のキャリアセンターなどもご活用されることをおすすめいたします。

就職活動中は様々忙《せわ》しないかと思われますが、疲弊を感じた時に、猫の動画を観て癒されるのは決して無用なことではございません。武運を祈念いたします。

●白石さんへの質問・相談

虎由来のバターありますか？

●白石さんからの答え

生協で取り扱っているバターは、例外無く牛由来でした。申し訳ございません。痛みを和らげるものがあるでしょう、とのお声も頂戴しましたが、あれはバターではなく、軟膏です。生協にも、ございません。

虎といえば阪神タイガースですが、お膝元の兵庫県にQBBチーズでお馴染み六甲バターさんの本社がございます。

一部コープ商品の製造元としてもお世話になっております。お見知りおきくださいませ。

●白石さんへの質問・相談

生き残るのは肉食と草食のどちらですか？

●白石さんからの答え

肉食と草食。どっちでしょうね。難しい問題ですが、いずれにしても人間社会においては、職を得た方がより食べるのに困らないかと思われます。

●白石さんへの質問・相談

エビフライが話すLINEスタンプだけしか持っていないのですが、仕事でやっていけるでしょうか……。

●白石さんからの答え

どんなお仕事か推し量りかねますが、多くの職業でビジネスシーンにおけるLINEスタンプの活用場面は訪れ難いかと存じます。むしろ誤送信防止の点では、所有するスタンプの種類が少ないほうが、変換時に候補選択されるリスクが避けられ、危機管理面でも有用ですね。

ことがエビフライゆえ、現状で足る足るということでこの場はお収めください。

「コロナ禍直後の学び対応」

２０２０年の春。コロナ禍を受けた感染防止の策として、大学生の学内入構は厳格に制限されました。その最中においても、時は進み、過ぎて行きます。世界的な緊急事態発生に伴い、私達の人生がその分延長となれば良いのですが、時間は残酷にも、万人に平等です。限られた在学期間の中で、修めなければならないことは沢山あります。各教育機関の皆さまは、登校できない環境においても、学生の学びを止めない新たな策に取り組まれていたと存じます。

私が在籍していた前職の生協がある大学では、本来であれば入学直後に、現時点での学生の英語学力を把握するためにプレイスメントテストが実施されるところでした。しかし上述の通り、学生はそもそも大学に足を運べませんので、予定されていた４月日程は中止せざるを得ない状況でした。入構禁止の期間が定められているものならば、それに応じて計画が立てられるのでしょうが、その見通しが全くの不明だったのが当時でした。その折、大学および各語学テスト事務局から私ども大学生協へ、学生が自宅で受検できるよう、団体向けのＴＯＥＩＣならびにＴＯＥＦＬのオンラインテスト（ＴＯＥＩＣ®Ｐｒｏｇｒａｍ　ＩＰテストオンライン、団体向けＴＯＥＦＬ　ＩＴＰ®デジタル版）の実施に向け、その試験監督業務の要請をいただきました。

これまで私達生協は、大学内で実施されるこれらのテストにおいて、来場した受検学生に対しての試験監督業務を務めておりましたが、「来場しない」オンラインテストは前例がありませんでした。他の教育機関にて過去実施した事例ありとは聞きましたが、当時はまだ、このような受検の仕方もあるよ、という位置付けで、試験的に運用されたばかりです。受検人数も少なく、また無論、緊急事態という状況下ではないので、対面受検の経験がある学生を対象とした実施事例でした。対して、本件のオンラインテストで想定されるのは1回の受検人数はTOEFLで最大約400名、TOEICに至っては1000名ほどの大規模なもの、かつ受検する学生は入学以来、一度も通学されていない方々です。各々異なる千差万別の通信環境、機種環境において、問題解答画面の遷移《せんい》進行により受検するシステムの中、足並み揃えてテストが終わることなど、どのようなポジティブシンキングを以てしても想像できませんでした。

まずは試験実施に向け、各テスト事務局が作成する試験監督向けマニュアルと受検者向けマニュアルの共有確認からスタートしました。様々な場面に対応するべく、マニュアルは微に入り細を穿ったものであるべきですが、こと受検者向けとなるとそれとは別に、わかりやすさ、最低限ここを押さえてほしいという重要度のメリハリを付けることが肝要です。このことは大学、生協、テスト事務局の三者打ち合わせを幾度となく重ねることで共通に認識しました。その打ち合わせも、当時不慣れであったオンラインで行われていました。

完備なマニュアルの他、重要項目をピックアップしたものを当方で作成し、生協のホームページに掲載し募集を開始しました。主に受検に向けての事前準備や通信テスト、当日の試験環境確認などに重きを置き、上述の「わかりやすさ」を最大のテーマとしたのですが、リリース直後、電話やメールでの問い合わ

Column

せの雨あられでした。伝わりやすさに最大限配慮したつもりでも、力量不足への反省と、試験当日の先が思いやられる不安とで、震えてお手洗いが近くなるような心境でした。問い合わせ内容は主に、テスト画面遷移がマニュアル通りに進まない事象でした。これらをヒアリングし解決策を提示、解決しない場合は考えられる二の案、三の案を試すよう伝えていたのですが、この二案三案はもう何と申しますか、ｗｅｂ履歴の削除や他アプリケーションの同時起動禁止、マニュアル推奨以外のｗｅｂブラウザでの試行、再起動、それでもダメなら他機種での試行など、やりとりしながら思い付いた案も加えながら、こちらも甚だ試行錯誤の状況です。

これらのエラー事例を基にマニュアルを更新し、いざ試験当日に臨みました。ＴＯＥＩＣオンラインの実受検者は約９００名。対して、当方の電話回線は４本です。問い合わせ時間が封切られるや否や、回線は真っ赤となりました。一回線につき1名の配置、私はメール対応と全体監督の役割を担ったのですが、試験の所定時間終了近くまで、電話とメールは止むことがありませんでした。その主な原因は皮肉にも、当方で良かれと思いマニュアルに追記した、受検開始のＵＲＬにありました。そのリンク先は、試験監督の当方はストレートに受検のスタート画面に飛ぶのですが、受検する学生は認証が必要なため、こちらで示した画面遷移とは別の画面となることが判明したのです。その画面上で予め各々に付与されたＩＤ、パスワードを入力すればスタート画面に進みますが、それを推して知ってくださいというのは大変酷なもの。示された画面とは異なるので「ここに自分のＩＤとパスワードを入力して進めて良いのか」という不安に満ちた生の声が多数寄せられたという顛末《てんまつ》でした。

来校していない状況で自分の語学力を測られることは学生にとって不安であると、重々理解したうえで臨んだ監督業務ではありましたが、ときに、タスクとして試験が無事に済むことに囚われてしまっているのではと、学生の方達からの反応を受け反省した次第です。本当に不安だったのは我々ではなく、学生です。我々は、その不安をぶつけられることに対して不安だったに過ぎないのです。

試験が完了したのを見届け、監督業務は終了となります。この間、ごく少数ではあるものの、どのような方策を以てしても受検できなかった方のＩＤを代替テストの案内に向けて大学に報告したり、電話やメールで受けたエラー事象や解決に至った提示策をテスト事務局に報告し、マニュアルをブラッシュアップしていただいたりなど、次回以降の実施に向けて対策を重ねていきました。結果として、回を重ねるごとに受検者からの問い合わせは格段に減り、秋から冬時期の実施の時には、電話応対に配置したスタッフ同士で談笑しているなどの余裕が見受けられました。その緩さはどうなのか、とご指摘を受けるかもしれませんが、夏の時期にはその者同士が自主的にリアルタイムで事象を共有し合い、発生したエラー報告の解決に向け必死に取り組んでいた様子を目の当たりにしている私からすると、その必死さが結実し生まれたゆとりには目くじらを立てられません。

さらに時は進み、現在は感染対策を施すことにより、会場受検の実施がほぼ復活していると耳にしております。当時のひりひりした感じを懐かしみ振り返りながら、至らない点が多々あったと思われる試験運営に多大なるご配慮をいただきました大学関係者の皆様と、改善に向けての情報刷新を速やかにご進行賜りましたＴＯＥＩＣ、ＴＯＥＦＬ各オンラインテスト運営事務局の皆様に、謹んで感謝申し上げます。

平成の大学生（現40代）からの質問57

かつての読者も40代。でもお悩みはつきません。
社会の荒波に揉まれてささくれた心を
白石さんに癒してもらいましょう!

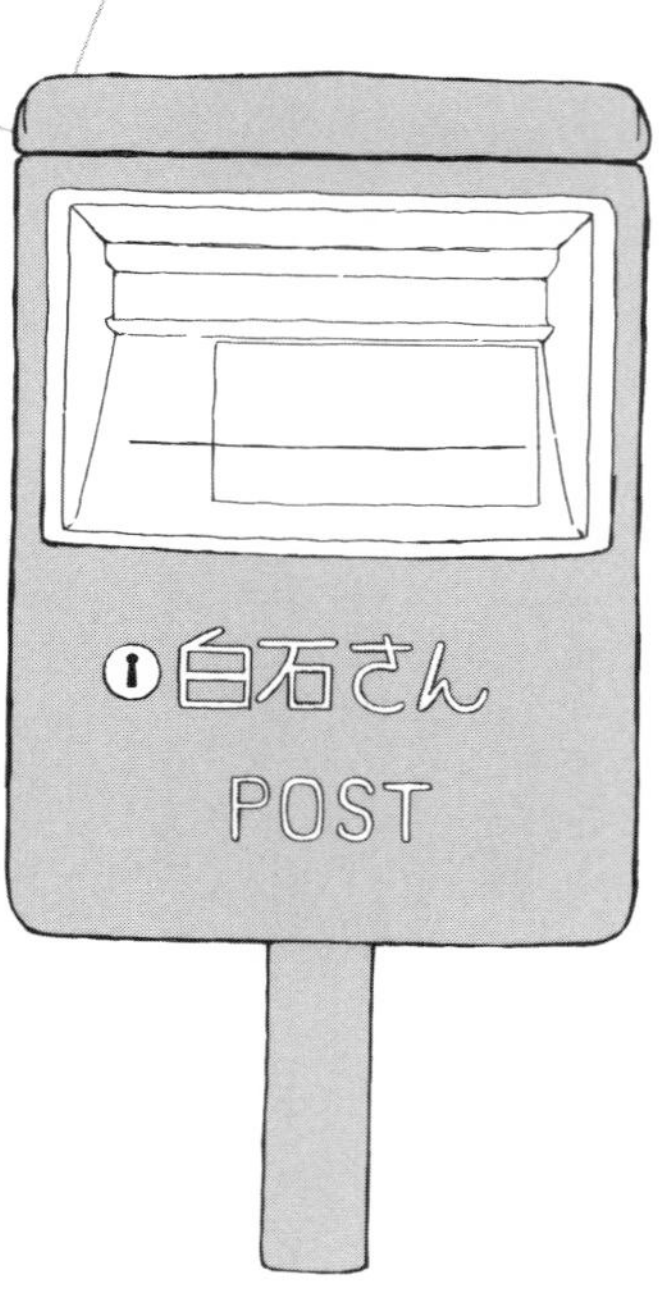

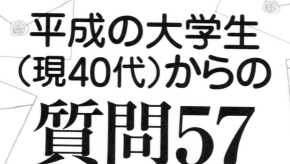

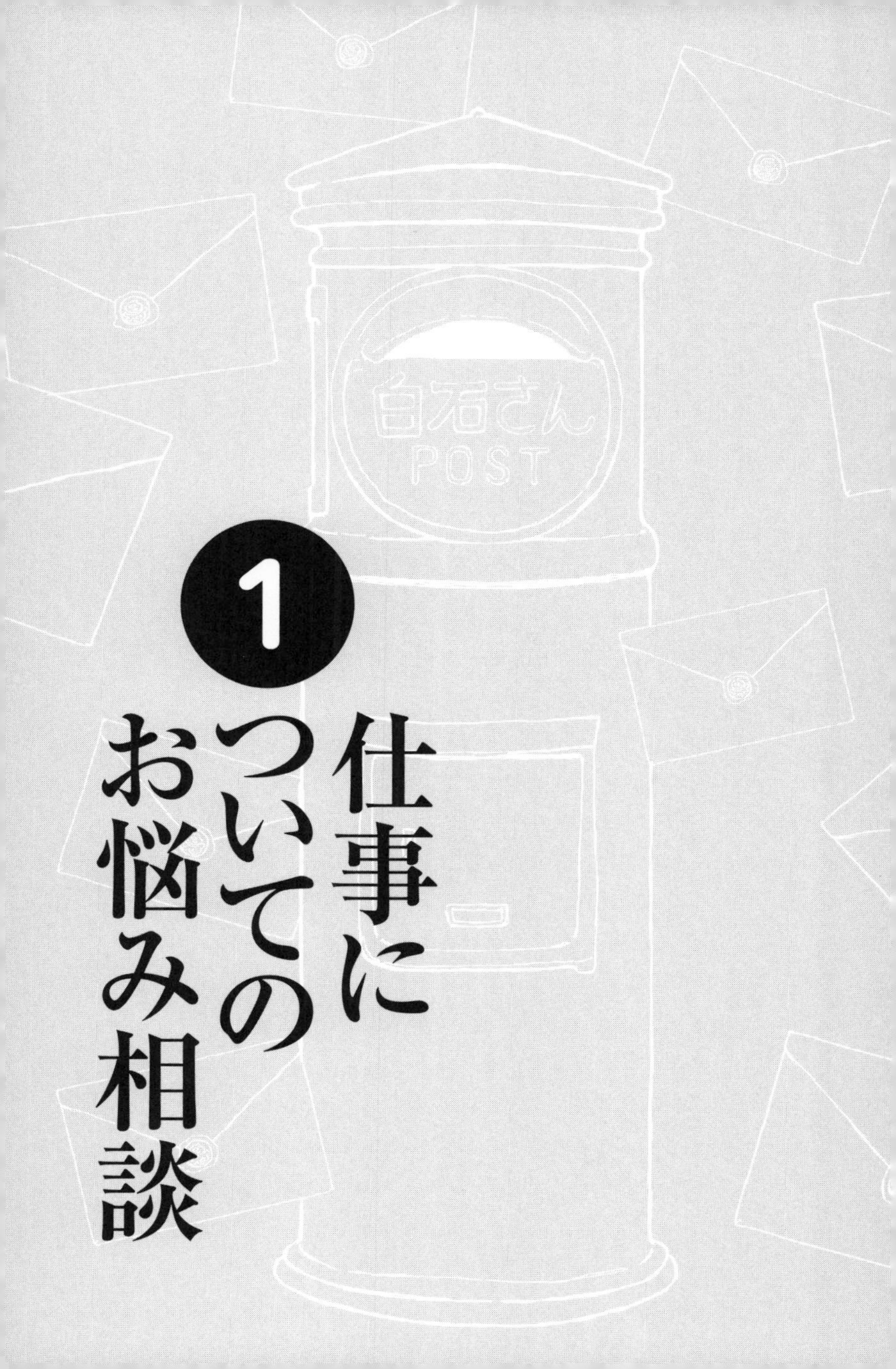

1 仕事についてのお悩み相談

●白石さんへの質問・相談

ヘッドハンティングにより
転職することになりました。
自分で言うのもなんですが、
仕事はできる方だと
自負しています。
しかし、
いざ転職となると不安です。
本当に自分は優秀なんでしょうか。

●白石さんからの答え

どうでしょう。その有能さに嫉妬してしまう私が申すのも何ですが、仕事ができる、優秀というような評は実のところ、朧《おぼろ》げで曖昧な指標ではないでしょうか。

職場の人間関係、上司からのアプローチ、仕事の引き継がれ方、または取引先のキャラクターやその他の運の要素ｅｔｃ、これらにぐらぐらと大きく左右されるものかと存じます。自負による変なやっかみに絡まれないよう、転職先で運や縁に恵まれることを祈念します。

●白石さんへの質問・相談

部下のリーダー格が
頼りなくて困っています。
信頼されていないのか
スタッフ達から
リーダーを飛び越え、
直接私のところに相談が来ては
指示しなければならず、
リーダーとして機能していません。
どうすれば鍛えられますか。

●白石さんからの答え

全指示を受け持つのは大変なので、ここは部下のリーダーに奮起していただき、役割を果たしてもらいたいものですね。

現状機能していないとのことですが、現在のスタッフ目線では上司ありきの相談解決と見え、ご自身の手柄になってしまっているのではないでしょうか。ご自身に来た相談をリーダーに託し、解決したら声高にそのお手柄をリーダーに全振りし、彼がスタッフからの信頼を得られるようにするのが良いと思われます。積み重ねるうちにリーダーが輝き、チームとして機能し、お手柄フリーなお気楽上司になれると良いですね。

●白石さんへの質問・相談

最新機種のノートパソコンには、ほとんどディスクドライブが付いていません。便利が進み過ぎると、逆に不便じゃないですか。

●白石さんからの答え

そういえば、そうですね。

プラスやRAMにも対応するとかしないとかを仕様で謳っていた、ディスクドライブ全盛の頃からは想像が付かない現代です。

かつてはオーディオもカセットデッキがオプションから標準装備に格上げされ長く愛用されましたが、いつの間にか装備されなくなりました。CDプレーヤーも、いずれそうなるのかもしれません。

とって代わるメディアが現れたとき、盛衰が訪れるのは世の常かと存じます。我々も高コスト、低パフォーマンスとみなされないよう対応をアップデートしていきたいものです。

●白石さんへの質問・相談

テレワークの午前中、『東京卍リベンジャーズ』の最新刊まで読みました。最高です。昼食を挟んで、午後は何を読んだら良いでしょうか。

●白石さんからの答え

そうですね。まずはご自身のため、職場の空気を読んでくださいませ。午前中のエア勤務を悟られないよう、空気の点検は肝要かと存じます。とは言え、エアチェックはAMよりも、むしろFMの方が良い声が拾えるかとお察し申し上げます。

●白石さんへの質問・相談

部長の薄毛を話題にしていたところを、本人に聞かれてしまいました。謝るのはかえって失礼な気がして、気が塞いでいます。

●白石さんからの答え

そうですか。では、ここはひとつ、部長ファーストで考えてみてはいかがでしょう。職場で部下が気を塞いでいることはおそらく、管理職である部長がもっとも悲しむことではないでしょうか。

上司たるもの、遺恨残さず、毛根残す。次にお会いする時は、気持ちをリアップしてお臨みいただければ幸いです。

●白石さんへの質問・相談

異動で来る人がダメ社員と、
ウチの部署では
もっぱらのウワサです。
プロジェクトで
一緒にチームを
組むことが決まっていて
先行きが不安です。

Q.

●白石さんからの答え

陰口的なウワサは他を下げて自分を上げる作用があることから、言う側の人の何らかの自信の無さが根底に有るか、或いは、職場全体の文化が背景にあるかもしれないですね。

いずれにしてもご自身が不安になることで心理的に仕事のパフォーマンスを下げる効果しかないように思えます。

少なくともご自身だけは変な文化に染まらず、フラットに構えてみてはいかがでしょう。その方が前評判を覆《くつがえ》し、チームで力を発揮したという評判を得られれば、チームの皆さんの株も上がるというものです。ピンチはチャンスですね。

A.

●白石さんへの質問・相談

良いとこを見せようと、会議の場で喋りすぎて舞い上がってしまうのをどうにかしたいのですが。

●白石さんからの答え

つい張り切りすぎちゃうこと、ありますよね。

若かりし頃の私もフィギュアスケートのごとく舞い上がり、議題そっちのけでダブルアクセルからのトリプルトゥループ、トリプルサルコウと見事に滑りまくったものです。

でも、良いとこを見せようという意気込み自体は何ものにも代え難い活力かと存じます。今後は段取りのステップを踏むことを大切に、ご自身のターンでしっかり魅了し、羽ばたける人材となってくだされば幸いです。

●白石さんへの質問・相談

部下に
注意指導するときに
パワハラと
感じられないよう
気を遣っていると、
言いたい事も言えない
こんな世の中に
ポイズンを感じます。

●白石さんからの答え

振り返れば私は、言いたい放題で部下にポイズンを感じさせていたかもしれません。ただ自分の経験において、上司のあの仕打ちは、と感じたことは、しないように心掛けました。こういう時、反面教師が凄く輝きます。

あまりにも眩し過ぎて直視できないので、今後も会わないようにしております。

やがては部下も管理職となった折に振り返り、上司だったご自身を思い出してもらえることと存じます。

ハラスメントへの気遣いは確かに必要ですが、言わなければならない事はきちんと伝えて、あとは部下の感性に委ねましょう。

●白石さんへの質問・相談

これからはデフォルトでも
アジェンダには
バッファをもった
スキームが
重要だと思います。
ただ自分マターでは、
リスクでも抜かりなく
エビデンスを取るフェーズに
来ていると感じます。

●白石さんからの答え

アポイントメントひとつにしてもしっかりブレストし、ブラッシュアップすることでコンセンサスを得てみてはどうでしょう。

または、アライアンスによるアウトソーシングが思わぬシナジーを生むかもしれません。

あらゆるタスクにコミットすれば、プロフィットを獲得することでご自身にもベネフィットがもたらされるかと存じます。

あと、母国語を大切にしましょう。

●白石さんへの質問・相談

通信契約の営業が頭打ちで、
じりじり減っています。
僕の能力も頭打ちで、
気持ちもじりじりじりしているので
励ましていただけませんか。

●白石さんからの答え

結果が伴わないのは、決して能力の有無に依らないかと思われます。

そんなご自身のお気持ちに、楽天家モバイルプランはいかがでしょう。

右手をしゃくり上げ、営業部の予算は高すぎる、と宣言してみてください。楽天家モバイルプランなら、届かなかった予算分は翌月に繰り越しです。

それでは駄目ではないか、と思われるかもしれませんが楽天家ですからね。ときに、問題を先送りにしがちなのは宿命です。

でも、大丈夫。心配した上長が銀色のマントで駆け付け、良いんでしょうか、とたしなめてくれます。

●白石さんへの質問・相談

企業広告に、
何かインパクトの
強いメッセージを
いただけないでしょうか。
謝礼は準備します。

●白石さんからの答え

できるだけ良いお言葉をお伝えしたいと考え巡らせたのですが思い浮かばず、何だか肩が凝ってまいりました。

つきましては、メッセージはさておき、むしろマッサージを希望します。できれば、ややインパクト強めでお願いいたします。

ということで謝礼までお考えとのことですが、私の業務外につき駄洒落の返答でご容赦くださいませ。

●白石さんへの質問・相談

5番アイアンで
上司の車を
傷つけてしまいました。
そうならないような
対策はありますか?
あとゴルフの
最高成績も聞きたいです!

Q.

●白石さんからの答え

ゴルフの最高成績、日本においては石川遼選手が何と58でホールアウトしたことがあるそうです。すごいですね。

5番アイアンの件、文面だけでは状況不明な部分もありますが、少なくとも、今後上司に対してはゴルフ以外の、別のアプローチで寄せた方が良いかと存じます。

A.

2 自分自身についてのお悩み相談

●白石さんへの質問・相談

肩が上げづらくなってしまった。

●白石さんからの答え

私の場合、肩は問題無いのですが、家族に頭が上がりません。しかし、これはまた別のお話ですね。

多くの場合、肩は日々のストレッチで概ね改善するようです。伸ばす効果は即効性というよりは徐々に現れるかと思われますゆえ、地道に少しずつ積み重ねてください。

その代わり私は、家族への謝罪案件を延ばし延ばしにしないよう積み重ねる所存です。

●白石さんへの質問・相談

ほら、アレだよ、アレ。
と言う機会が
増えました。
もう脳が
アレなんでしょうか。

●白石さんからの答え

単語がすぐに出てこないこと、ありますよね。私も先日、顔はとても印象深く思い浮かんでいたのですが、何故か要潤《かなめじゅん》の名前が出ませんでした。

そのアレをわかってもらおうと、補完の説明で脳をフル稼働しているのであればプラマイゼロではないでしょうか。

前述の要潤では、二文字の俳優とまで説明したのですが相手に連想されたのは、照英《しょうえい》でした。きちんと伝えるには、まだまだ精進が必要です。

●白石さんへの質問・相談

職場のカラオケが、
いつの日からか
楽しくなくなって
しまいました。
今の流行歌に
ついていけないです。

●白石さんからの答え

流行歌というワードに、同世代の親近感を覚えてしまっております。

私も若い世代の方たちとカラオケに行く機会があるのですが、彼らは柔軟です。親御さんの影響でしょうか、現代の曲のみならず、昭和後期や平成初期の楽曲もよく選曲されます。

また、私が歌った曲を初めて聞いたと困惑した若者が、数ヵ月後の忘年会で自ら歌いだしやがり、レパートリーを奪われた私は地団駄を踏んだものです。

自分たちが生まれる前の音楽も、温故知新の精神を以て楽しんでいる様子が見られます。感性を育んでいる期間の長さは我々世代に分があり、これは負けてられません。彼等彼女等に学び許容し、いつか現代の流行歌をマイクを通ししゃくりあげ、度肝を抜いてやりましょう。

●白石さんへの質問・相談

アフターコロナで、満員電車が余計に辛く感じるようになりました。でもシルバーシートに座るのは気が引けます。中年が座れるブラウンシートを作ってください。

●白石さんからの答え

壊れそうな物ばかり集めてしまっていた10代の頃はいずこ、今や、座れそうな席ばかり探してしまうガラスの50代として共感いたします。

しかし乗車しているのは結局中年の割合が高いので、ブラウンシートの競争率を考えると、残念ながら色分けもそれほど意味は無いかと存じます。ここ数年で、在宅勤務が新しい働き方として定着しました。併用するなどでご対応ください。

●白石さんへの質問・相談

近くのものを遠く離さなければ見えないようになってしまいました。

●白石さんからの答え

遠くにあるのに近い食べ物はなんだ、という子供の頃の素朴ななぞなぞに即答で「老眼？」と答えた幼なじみのことを思い出しました。元気にしていますでしょうか。

諸行無常ではありますが、前述のなぞなぞの答えは、そばです。近くのものは見づらくなろうとも、ご自身のそばにいる方達は見失わないよう、時に適度な距離を保ち、離されないようにしていただければ幸いです。

●白石さんへの質問・相談

老いを感じています。若さを売ってください。

●白石さんからの答え

心中お察し申し上げます。

無念ながら、当方も売れるほどの若さを持ち合わせておらず、むしろ刻一刻、自然に失われつつあります。

若さを売りにできるのは羨ましくも、現役の若者の方達の特権です。ここぞという新陳代謝の場面で、彼等の勢いや心意気を買ってあげてくださいませ。

●白石さんへの質問・相談

オヤジ臭くならないように、説教や武勇伝を語らないよう気を付けていたのですが、LINEの文章が、いわゆるおじさん構文であったことにテレビを見て気付いてしまいました。若い感性を取り戻すにはどうしたら良いですか。

●白石さんからの答え

オヤジ臭くと、あくまでオヤジ風味のごとく書かれているところにシンパシーは感じますが、現実としては風味ではなく素材そのもの、まるっとオヤジかと存じます。これも人生のステージであると、受け入れる事が大切ではないでしょうか。

若い方々のLINE感性は、混じり気の無い生ものです。ステージの違う我々が加工して寄せたら、足を踏み外して大怪我するかもしれません。何十年後かに再評価される可能性がゼロではないことを夢見つつ、無理せず自分達の世代ならではのパフォーマンスで感性をぶつけてみてはいかがでしょう。

●白石さんへの質問・相談

加齢による衰えが気掛かりです。実際今日も食欲が湧いてきません。2時間くらい。

●白石さんからの答え

ただの満腹かとお察し申し上げます。しかし、世は令和。体調不良の世界にオンデマンド化の波が到来していても何ら不思議はございません。

しっかり健やかな生活に励み、サブスク契約を求められないようご注意ください。

●白石さんへの質問・相談

先日飲みの席で、気分屋で頑固者だと言われました。

よく自分のことも判らないくせに何を言ってるんだ、と思っている時点で「そういうトコ」なのかもしれませんが、他人に性格決めつけられるのは違うし腹立たしいと思います。

が、やっぱりそういうトコ？　歳のせい？

●白石さんからの答え

誰でも良い事があれば嬉しく楽しい気分になり、嫌な事があれば悲しく悔しい気分になるかと存じます。

概ねどの人にも共通の気分になった時にどのように振る舞うかで差が出るのが、俗に言う性格といわれるものかもしれないですね。

相対的なものなので、性格というのは他人の評価と言わざるを得ないかと思われます。本当の自分とは違うという思いこそが真実であり、誤解もある一方でそれが振る舞いによって、相手に伝わるか否か。

長期的なプレゼンのようなものとお考えください。

●白石さんへの質問・相談

涙の数だけ強くなれました。

●白石さんからの答え

そんなのは、ただの真夜歌詞ではないかと言う方もいらっしゃるかと存じます。しかし、その論こそがまやかしかと思われます。

涙を流すほどの悲しい経験は、万人に共通の再現性などあるはずもないですからね。

さらに岡本真夜さん、正しくは、まよさんと読むので安心です。これもまた、まやかしでしたね。

この先何が起こるかわからない現世、これからも、よを読み違えることなく過ごしたいものです。

●白石さんへの質問・相談

40代男性です。
最近自分の枕から
父の匂いがします。
僕がいない間に勝手に
父が寝てるのだとしたら
許せないです。

●白石さんからの答え

万一にも本当に、お父様が勝手に寝ている
ことが原因であるほうがむしろ朗報であると、
ご自身も実のところを認めざるを得ないかと
お察し申し上げます。

偉大なる父の足跡を、一歩ずつ踏み締めて
ゆく父子鷹《おやこだか》。

能ある鷹なら、匂いを隠しましょう。
シュッと一吹きする消臭スプレーは、生協
各店で販売中です。

白石さんの言葉

「失礼な高橋さん」

社会人たるもの、相手の方に失礼の無いよう気を配ることは、特段意識せずとも備わっているものかと存じます。ここでは大変失礼ながら、失礼で、かつそれでもなお許される魅力を持った方について、ですます調を排除し、ご本人の目に留まることを期待しつつ触れたいと思います。

遡ること2006年の冬。大学内の図書館にて、市内の図書館との連携における記念式典が催され、招かれた私は恐れ入りながら参加された方々を前に登壇した。話を終え、多くの方達と名刺交換したが、その中の1人に、のちに失礼をフル稼働させる人がいた。

帰り支度の折、その人から声を掛けられた。仮名として、以降は高橋さんと表記する。風貌が、俳優の高橋克典さんを彷彿とさせる男前だったからだ。

「先ほどご挨拶した高橋です。少しお時間よろしいでしょうか」

爽やかな声掛けに応じ、生協食堂の席でお話をうかがった。内容は端的に言って、転職の勧めだった。とある企業の要請を受け、参加が広く募られた上述の式典に参加することで接触し、声を掛けたとのこと。要請元は、その1ヵ月程前に生協の店内を訪れ名刺交換をした方だったが、取引先ではなかった。当時私はその生協店内で勤務しており、そこは誰でも気軽に訪れることができる環境で、今思えば無防備かつ無節操にご挨拶に応じていた。また、一度対面しているにもかかわらず、このような場面はエージェントを通すのかと、未知なる世界の勉強になった。

内容を一通り聞き、丁重に、丁重にお断りの意を表した。至極光栄に感じる一方、例の本が出てまだ3ヵ月ほどの時期。降って湧いたような名の上がり方をした自分に対する正当な評価とは考えにくく、浮き足立って転職するほどの自信も備わっていないからだ。

すると、それまで丁寧に応答されていた高橋さんが、屈託の無い笑顔でこう返してきた。

「そうですか、これは白石さんの著書にも書いてあった、人生の縮図ですね。この先も、結局は踏ん切り付かずに、現状維持で満足するんですよ。せいぜい日々の欠員に対応して、時折レジに立ってりゃ良いんですよ」

先方の余りに急な方向転換に対応できず、えっ、と戸惑った矢先、高橋さんはさらに続けた。

「こんながっかり、飲まなきゃやってられないですよ。もう少しお付き合いください」

ああ、なるほど。押し引きか。そこで詳細を伝えて、という戦略ね。つくづく勉強になるけど、乗りませんよ。接待は受けられない旨を伝えると、

「何でこっちが払うんですか、割り勘ですよ。何なら、端数は白石さん出してください。さっきの話はもう終わりですよ。世の中そんなに甘くないです。自分を買い被《かぶ》りすぎじゃないですか」

やはりさっきの戸惑いは、聞き間違いではなかった。まさか往年のとあるコントのごとく、なんだ君は、という言葉を発する場面に遭遇するとは夢にも思わなかった。しかし、この飲みを断り帰宅するのは実に夢見が悪いとも思った。また、笑みをたたえた爽やかなオーラを保ちつつ、初対面の人間に好戦的な発言をするこの男に、私は関心を抱いてしまった。

飲みに応じ、その会は5時間ほどに及んだ。悔しいことに、とても楽しい時間だった。と言っても高橋さんは終始、私のお断りマインドへ痛烈にだめ出しを放ち、呼応して私も、彼のその失礼さを猛烈に批判した。その応酬があまりにも面白く、何度も互いに笑い飛ばした。2人とも声が大きく、学生客が中心と思われるその店から、社会人である我々が他のお客さんへの配慮を窘《たしな》められた。支払いは彼の公言通り、私がやや多めに出した。会計時、酔いどれながら彼は領収書を貰っていた。額面は、全額だった。隅々まで仕上がっていた。

9年後の2015年、私は当時とは線路を隔てた別の職場に移籍していた。そこに彼は、部下とともに再び現れた。が、声を掛けられてもそれが彼とは、はじめは気付かなかった。風貌があまりにも変わり過ぎていたのだ。あのときと今の、この恰幅と髪型よ。高橋克典似の男は9年の時を経て、高橋克実へ寄せてきていた。

当時と同じ場所だが店名が変わった居酒屋で、再会を祝し飲むこととした。記憶が定かではないが、10年後にまた転職の話を持ってきてくれたら考えるよ、と偉ぶって私の方から言ったらしく、そのことを思い出して来てくれたそうだ。じゃああらためて聞きましょうか、と前のめりに尋ねたところ、高橋さんは、そんなしょっちゅう旨い話があるわけないだろうと一蹴。悔しいので、氏の変貌ぶりを弄《いじ》ったところ彼から、

「白石さんが変わらな過ぎなんですよ。9年間、何やってたんですか」

と、言わんこっちゃないといったにやつき顔で返された。見た目は変わっても、失礼さは変わっていなかったことに何だか安堵した。

また部下の方は、私に対しては非常に礼儀正しいものの、上司のはずの高橋さんには、やっぱり失礼な感じだった。応じる高橋さんも、ハラスメントまがいの言葉を嬉しそうに放つ。社風か。いや、これが彼の魅力なのだろう。見たところ、活き活きと上司に失礼な言動を行うこの部下は、完全に高橋さんに魅了されている。関係性は異なるものの、あの日の自分がそうだったように。おそらく一事が万事ではなく使い分けているとは思うが、失礼でも許され愛される人には、到底敵わない。

直接お伝えしたことはないけれど、ここに敬意を表します。くれぐれもご自愛ください。

Column

3 家庭についてのお悩み相談

●白石さんへの質問・相談

妻との会話が無い。

●白石さんからの答え

夫婦関係に必ずしも、会話が必要とは限らないかとは存じます。

とは言え、話が弾むと心も弾むものですね。無理に話題を作るのは互いに気構えて何だかアレなので、まずはハードルを低く、独り言などでどうでしょう。

料理を一口の後「美味いなあ」、綺麗に仕上がったシャツを見て「助かるなあ」など。レスポンスの見返りを求めない呟きに対し奥様から何らかのリプライがあれば儲けものくらいの自然な気負わず感が、心地良さを生み出してくれることを祈念します。

●白石さんへの質問・相談

気が付けば、娘からパパともお父さんとも呼ばれなくなりました。ペット以下かもしれないです。

●白石さんからの答え

芽生えの時期かと存じます。一過性のものと考え、父としてこれまで同様、屈せずに普段通りお過ごしください。

そして今が一番、奥さんであるママとの関係性が重要な時期ではないでしょうか。情報収集は綿密であるに越したことはありません。敵に回して孤立しないよう、状況を放置のままにしないようご注意を。

●白石さんへの質問・相談

子どもたちに英語を
身に付けさせるため、
自分自身も習得し
夏休みから家族の日常会話は
英語でコミュニケーション
しようと考えています。
自分で起案してみたものの、
やり過ぎかもと迷っています。

●白石さんからの答え

現代では小学校の授業でも英語が必修になりました。いやあ、すっかり国際化対応の時代ですね。

私の中学生時代の教科書に載っていた
「これはペンですか？」
「いいえ、ちがいます。それは花瓶です」
という会話に非現実的な世界観を見出したあの頃が懐かしいです。

家庭内の日常会話が英語、結構ではないでしょうか。

ただ、和訳変換における日本語感覚を養うこともこれまた重要かと存じます。バランス良くお取り計らいくださいませ。

●白石さんへの質問・相談

息子が大学3年の就活を前に、
YouTuberに
なりたいと宣言しました。
撮影機材を
ねだられているのですが、
全力で阻止すべきでしょうか。

Q.

●白石さんからの答え

就活は、主に新卒採用に広く門戸が開かれているのが現実です。既卒に比べ、能力や適性が問われないアドバンテージを保有する、極めて限られた機会かと存じます。就活後、または就活中でも動画は投稿できますが、就活を絶ってYouTuberを目指した場合、後戻りは至極困難なハンディキャップと推察いたします。

とはいえ、やってみなければわからないのは、YouTuberも就活も一緒です。両方支援で見守ってみてはいかがでしょう。

ただ、いずれにしても撮影機材はバイトなどで資金作りするなど、お子さん自ら動いてもらうべきかと。それは、最低限必要な熱意ではないでしょうか。

A.

●白石さんへの質問・相談

娘が可愛すぎて、
過干渉は親として
良くないとは
わかっているのですが、
悪い虫が
付かないようにしたいです。
どうすれば良いでしょうか。

●白石さんからの答え

親がお子さんを心配するお気持ちは、何にも代え難い慈愛かと存じます。とは言え、虫を捕らえる糸を張り巡らすクモのごとくいつの間にかお父さんが巨大な虫になってしまうのは避けたいところですね。

家族内の日頃の会話やコミュニケーションの積み重ねにより、良し悪しの判別についてなど、お子さんが自ら判断できる健やかな感性が育まれることを願うばかりです。

迷い戸惑う場面が訪れたときにのみ、親がセーフティネットとして機能する見守りで良いのではないでしょうか。

●白石さんへの質問・相談

何か起きないうちにと、高齢の父に免許返納を促しているのですが、なまじ元気なものだから聞き入れてくれず困っています。

●白石さんからの答え

昨今の社会問題となっていますが、だからと言ってどちらかが正しい、という話でもなく、難しいですよね。

車社会とは違い、時にはぶつかり合い、摩擦が生じることでわかり合えることもあるのが人間交差点かと存じます。

すれ違いがしっかりできているうちが華ゆえ、折に触れニュートラルのお心持ちでご説諭ください。

●白石さんへの質問・相談

子どもが宿題を全然しません。こんなのカツオだけかと思って油断していました。

Q.

●白石さんからの答え

カツオは、あれで機転が利きますからね。勉強は苦手でも頭が良いと思われ、コミュ力高く体育が得意なので将来有望です。かれこれ半世紀ほど、有望視しています。

さて、宿題というのはお子さんのみならず、そのご家庭に向けられたミッションかと存じます。ＨＯＭＥＷＯＲＫとは、よく言ったものです。

今、お子さんが飲んでいるジュースのストローも、お店で売るために期日を守って作っている人達がいるから飲めます。宿題の期日を守るのは、社会で働くための大切な心がけを養うことだとお子さんに気付いてもらえるよう祈念します。

A.

●白石さんへの質問・相談

Q.

子供が「尊敬する人」を尋ねられたとき、迷わず「父です」と言われたいのですが、どうしたら良いですか。

●白石さんからの答え

A.

尊敬されたい前提の子育ては、子のためではなく親のため。地球全土規模の非推奨プランです。

とはいえ親も子も、認めてもらいたいピュアなお気持ちは正直、互いにありますよね。俗に言う、第三者による「本人のいないところで褒める」ことは大変効果がありますが、その役割を担うのは概ね、母親である奥様かと存じます。自然に協力を得られるよう、日頃からの夫婦円満にご尽力ください。

4 ライフスタイルについてのお悩み相談

●白石さんへの質問・相談

ポロシャツの襟、立ててもよろしいでしょうか。

●白石さんからの答え

　これだけ多様性が認められる現代でもなお、ことポロシャツの襟に関しては、ダイバーシティの及ばぬ聖域とお察し申し上げます。

　一方で、立てることに対し、声高に否定的な意見を述べる人の大半が、実のところ、お洒落とは縁遠い至極無難な服装に身を包んでいることも見逃してはなりません。

　ポロシャツの襟、三十にして立つ。四十にして惑わず。立たすも寝かすも、堂々として問題無い案件です。

　ご自由にお楽しみください。

●白石さんへの質問・相談

世の中にアイドルと呼ばれる人たちが量産されているが、偶像は少ないからこそ価値があるのではないか。日本のエンタメ界のためにも供給を縮小し、王道のアイドルが出てきてほしい。

●白石さんからの答え

私がリアルタイムで憶えている限りでは確かに山口百恵から松田聖子、中森明菜、井森美幸の系譜以降は本格的な王道のアイドルを見かけなくなった気がします。

しかしこの王道とは世代により異なり、私達よりお若い方達にとってみればグループ由来のアイドルが王道と捉えられているかもしれません。

エンタメに託す光明は、様々な世代の、各々の人達が何となく心に抱いていることと存じますが、ムーブメントとなる時は大体、多数の人が意表を突かれた時と思われます。

予想外の展開が訪れることを心待ちにしましょう。

●白石さんへの質問・相談

携帯電話といっても、
電話はあまり掛からず
LINEばかり。
わびさびが
感じられなくなりました。
失われた何かを
取り戻すには
どうしたら良いですか。

●白石さんからの答え

わびさびの件、同感です。気がつけば私も私用連絡のメインツールはすっかり電話からメール、そしてLINEへと移行しました。

携帯電話以前で言えば、かつては書いた手紙の返信が来るまでの時間をも、長く楽しんでいたことが思い出されます。そういえばカメラで撮った写真も、写真屋さんで現像されるまでの時間を待ち焦がれましたね。今やこの遣り取りは、一瞬でシェアされます。

文明の発達の歴史において、幾ばくかの過去の喪失感は不可避なことかと存じます。嘆いてばかりでは置いていかれちゃいますゆえ、大きな古い時計を見ながら感傷に浸るより、100年休まずにTikTokするくらいの気構えを持ちましょう。

●白石さんへの質問・相談

理想と現実の違いを
様々感じながら、
これまで生きてきました。
つまりこれは、
うまくいってない
人生なのでしょうか。

●白石さんからの答え

どうでしょう。理想と現実の違いを私も考えてみた折にふと思い出されたのは20年ほど前、友人の結婚式に参加したときのことです。ホテルのエントランスに広い階段があったので、『西部警察』のオープニングさながらの1シーンを写真に収めるため参列者仲間で横に拡がりその階段を降りたのですが、仕上がりは『ドリフ大爆笑』のオマージュの域を出ませんでした。

思惑からは外れましたが、大変良い写真であると思っております。理想とは違う現実もまた、人生を味わい深くさせてくれるのではないでしょうか。

●白石さんへの質問・相談

気が付いたら、趣味といえる趣味がなくなっていました。40代から始めるのは何が良いでしょうか。

Q.

●白石さんからの答え

社会に出て勤労し始めると、余暇の時間を作るのがなかなか難しいですよね。仮にその時間が出来ても身体の休息に充てたり、または家族サービスに充てたり、まさに私も気が付けば、という感じでした。

何が良いというのは人それぞれかと存じますが、どんな趣味でも、情報を受け取るのに終始する楽しみ方よりは自ら行動することで世界が拡がる楽しみ方のほうが明日への活力を増進してくれるのではないでしょうか。スポーツ観戦であれば、たまにスタジアムへ足を運び応援するという無理ない感じで十分かと思われます。趣味を始めなきゃ、というマスト感よりも、これちょっと面白そうね、というインスピレーションをご優先くださいませ。

A.

●白石さんへの質問・相談

良い選手が次々に
メジャーリーグへ行く昨今。
日本のプロ野球は
このまま
衰退の一途でしょうか？

●白石さんからの答え

良い選手がより強者揃いの舞台に挑戦するのは素晴らしいことですが、確かに少し寂しくなりますね。

とは言え、日本の野球界もレベルが上がっているので十分に持続可能ではないでしょうか。SDGsって、言うくらいですからね。

と、頑張って上手いこと言おうと思った私は、他のセ・リーグ3球団が何か確認してみたところ、TBCでした。何と、スーパー脱毛の会社。これは縁起が良い。身体が資本の世界、どの選手もけが無きようシーズンを過ごしてもらいたいものです。

●白石さんへの質問・相談

息子が友達を家に連れてきて、
彼等のたわいも無い
やり取りを見て
懐かしく和みました。
そう言えばいつの間にか、
自分に友人と呼べる人が
いなくなったことに気付き
愕然としています。
これから友達探しを
するべきでしょうか。

●白石さんからの答え

何を以て友人と呼ぶかは、定義が難しいですね。大人になると各々家庭を持ち、日中は各々の仕事に就き、頻繁に会うことができる人はごく少数かと存じます。

ですが疎遠で年始の挨拶程度に留まっていても、冠婚葬祭やその他のきっかけで何らか声を掛けようと思えば掛けられる関係であれば途絶えてはおらず、発動しなくとも、立派な友人関係ではないでしょうか。

友達探しと構えず、共通の趣味のコミュニティなど、気楽な環境で新しいご関係が広がると良いですね。探しものというよりは、何らかを共にできる間柄が望ましいかと存じますがいかがでしょうか。

●白石さんへの質問・相談

タバコをやめたい。
それは何となく
肩身が狭いから世間体で。
本当は納得していない。
このままやめても
ストレスが溜まり、かえって
健康に良くないと思う。
ジレンマだ。

●白石さんからの答え

飲食店でも禁煙のところが多くなり、今や喫煙者は少数になりましたね。

一方で、タバコは今でもコンビニなどで気軽に購入できます。ゆえに、世間体というよりあくまでマナー上の問題かと存じます。

ところでタバコを吸い始めるきっかけは誰しも大人への背伸びですが、もうすっかり大人ですから、やめる時まで背伸びしなくても良いのではないでしょうか。実際私達の世代は背伸びというより、むしろ年々、背が少しずつ縮んでますからね。

健康面配慮の他、出費抑制のため、或いはもういいやと感じた時などご自身で思える時がやめ時かと思われます。世間や他人がどうこうという受動禁煙ではなく、能動禁煙が望ましいですね。

●白石さんへの質問・相談

ジョギングの
気持ち良さに目覚めました。
健康にも良いので
家族や友人にも一緒にやろうと
言っているのですが、
断られています。
どうしたら仲間を増やせますか。

●白石さんからの答え

運動への目覚め、何よりです。代謝が増え、様々な良い効果があると言われていますね。

ご家族やご友人へのお誘いについては、そうですね、走った爽快感や健康への効果は、それを欲しているかどうか、身体と心が一致してこそもたらされるものかと存じます。

ジョギングを続けているはつらつとした姿で、皆さんの心を動かせられるよう、これからもご自身が存分に、走る世界をご満喫ください。

●白石さんへの質問・相談

ワイシャツにフードをつけて頂きたいのですが、可能でしょうか。

●白石さんからの答え

ご要望ありがとうございます。働く人々に、お口の癒しは確かに一案かもしれないですね。ワイシャツご購入の方に、ガムやキャンディなどお渡しする販促を検討してみます。

協賛を得られましたら、あらためてご報告申し上げます。

●白石さんへの質問・相談

イニエスタは
本当にすごいんだよ！
中盤でボールを持った時、
瞬時に味方の位置を判断し、
足元にピタッと止まるような
パスを供給してチャンスを演出！
スペインの黄金世代を牽引し、
ワールドカップの
優勝にも貢献したんだよ！
もう彼を超えるような選手は
しばらく出ないかな。
今年もスペイン優勝かな？
イニエスタは出ないけどね。

●白石さんからの答え

知人より、伝言を預かりました。イニエスタ選手の神業を、臨場感溢れる高画質の大画面でご覧になりませんか、とのことです。

折しも大型テレビご購入時に、豊富なチャンネルを擁するＣＳ放送サービスのキャンペーン特典を得られることがあるそうです。サッカーに特化したチャンネルもあり、イニエスタが活躍した代表戦も再放映されるかもしれませんね。

伝言主は自らを家電量販のファンタジスタと称していますが、過度の勧誘との評判が、足元とネットを揺らさないよう気をつけてもらいたいものです。

●白石さんへの質問・相談

テーマパークは子供が主役なのでしょうか？

●白石さんからの答え

大人だって、テーマパークではしゃいでもいいじゃない。率直にそう感じた一方で、大人になってもテーマパークに憧憬を抱くのは、幼き頃の体験あってこそと思い起こしました。

この伝承を守るべく、子供に主役を譲ることもまた、何となくエシカルでサステナブルな営みかと思いましたが、いかがでしょうか。

エシカルとかサステナブルとか言いたいだけでは、と思われた場合、それは当方の童心ゆえとご容赦ください。

5 異性関係についてのお悩み相談

●白石さんへの質問・相談

何歳になってもモテたい。

●白石さんからの答え

そうですか。老いてもなおですか。お盛んで何よりです。私の大学生の頃に思いを馳せました。

当時男子は皆、モテようと頑張っていました。ご多分に漏れず私自身も入学当初、モテようと頑張っていました。しかし、モテませんでした。

実際にモテるのは、別の何かにひたむきに頑張っている人なのだとわかったのは、随分後のことでした。

ということで邪念を捨て、別の何かを見つけ注力してくださいませ。

●白石さんへの質問・相談

今はすっかり
見る影もないですが、
昔はぶいぶい
言わせていたもんですよ。
知らしめてやりたいのですが、
どうすりゃ効果的ですか。

●白石さんからの答え

「俺も昔はやんちゃでさ」「お父さん昔はもてたんだよ」的な武勇伝ですね。我々の世代は、もうさんざん聞かされる側に回りました。

それを他の人に伝承するのは賛同しかねますし、いずれにしても、話の真偽によらず、自ら語るのは男を下げるのみかと思われます。最も効果的なのは第三者に語ってもらうことですが、私が旧友として頼まれたとしたら、頼まれたこと自体を面白おかしく弄《いじ》り語ってしまうでしょう。

ホコリを被ったご自身の想い出だとしても、かけがえのないものかと存じます。自我の誇りとして大切にしてくださいませ。

●白石さんへの質問・相談

不倫は文化。
文化的な生活を営んで
何が悪いのか。

●白石さんからの答え

生き方、解釈は個人の自由ですね。ところで不倫は文化というより、実質はむしろ煩悩かと存じます。煩悩について、第三者が良いか悪いか論ずるものではないかと思いますが、子煩悩という言葉があるように、家族に向けられると何だか浄化した感じになりますね。

一方、家族以外に向けられた場合、ジョーカーを切るのは家族の自由です。築き上げたご家庭の文化を守るか、これもご自身の自由です。

ババを引かないようお祈り申し上げます。

●白石さんへの質問・相談

結婚だけが
全てではないと思っています。
独り身は寂しいと
よく言われるけど、
恋愛が気ままに許される
メリットがあります。
互いにパートナーを
変えることを許し合うのも
一期一会で良いもんですよ。

●白石さんからの答え

そうですね。お互い許し合えるのであれば、社会的な束縛は何もなく、様々な恋愛に巡り合えるかもしれませんね。

一方で時は止まってはくれず、徐々に、男性としての魅力がダウングレードする経過をたどるかと存じます。その時、それを許容してくれる間柄を自由恋愛において築ける自信が、どうやら私は持てなかったようです。

だから結婚したということでもないのですが、パートナーの変更が許されない一方で、自身の年齢を重ねることによる変化を許し合う間柄も選択肢から捨てたものではないかと思いますよ。

●白石さんへの質問・相談

20年前に離婚して以来、
女性には縁もゆかりも
無いまま定年を迎えました。
振り返れば、
働いただけの人生です。
仕事に行かないので日中、
マンション管理人のおじさんに
会うことが多くなっています。
これまでそれほど話す機会が
無かったのですが、
気さくな方で会話が弾みます。
そのたび何だか、胸が
どきどきします。恋でしょうか。

●白石さんからの答え

このように、不意に幕が上がるのが人生の第二章なのかもしれないですね。扉の向こう側に、どんな世界が待ち受けているのでしょうか。

とは言えその胸の鼓動、ただの動悸かもしれません。定年後も健康診断をお忘れなく。

●白石さんへの質問・相談

41歳、バツイチになりました。
自由です。完全に自由です。
また恋愛市場に
戻ってきましたよー、ただいま！
この件を飲みのお店で言ったら、
早速女の子の方から
連絡先を聞かれて交換しました。
これって、脈アリですよね？

●白石さんからの答え

私はどうも恋愛市場に疎《うと》くアリかナシかは判じかねるのですが、とにかくこの文面からご自身が、活き活きと脈を打ってることがとてもよく伝わりました。

連絡先の交換がお店にとっての営業活動か否か、そんなのは実に、実に些細なことです。

人生、楽しんでなんぼですね。

6 マネーについてのお悩み相談

●白石さんへの質問・相談

Q.

株でまったり儲けたいが、そんなにうまくいかない話も聞き、始めるか迷っています。

●白石さんからの答え

A.

背中を押さない返答で恐縮なのですが、今は始めるべきではない、とお伝え申し上げます。

株の世界は、銘柄選択や売り買いの押し引きなど、ときに即時、かつ独自の決断を求められるものと存じます。

始めるか否かを他者に迷い尋ねている現時点においては適性が無いのでは、と率直に思った次第です。迷いが払拭されたその時には、始めるにあたり既にご自身で色々研究されていることでしょう。

万全の覚悟でお臨みいただければ幸いです。

●白石さんへの質問・相談

世の中値上げばかりでいやになっちゃう。

●白石さんからの答え

このご時世、こちらの方が音を上げてしまいますよね。
せめて日本経済には、息切れで税税言わないよう願いたいものです。

●白石さんへの質問・相談

給料を上げてください。

●白石さんからの答え

なんだかんだで、多いに越したことがないのが給金です。

とはいえその訴え、所属する労働組合にご相談される方が、弊会の生活協同組合に向けるよりは望ましいかと存じます。

組合違いですが、できれば交渉の場はがっぷり四つに組み合うことなく、うまく引き落とせると良いんですけどね。

金星が得られることを祈念いたします。

●白石さんへの質問・相談

バイクに乗らなくなった。次の車検に通すべきか。

Q.

●白石さんからの答え

バイクは運転中身体が晒され、暑さや寒さ、加えて車体の重さも身に染みる乗り物です。車に比べ不便でしんどいのに、それでもなお、いやそれがゆえ乗りたいと思わせてくれる、ロマン溢れるその魅力。私も虜になったものです。

風を感じる非日常的な刺激の一方、そのスパイスが煮詰まって、加齢が辛いと感じたら手放しの考え時と思われます。

A.

●白石さんへの質問・相談

次の車はベンツかBMW、それともレクサスか。買う前からうっとりしています。

Q.

●白石さんからの答え

恍惚で何よりです。どの車も大変魅力的ですが、ここに挙げられているのは主にセダンでしょうか。

いつの時代も、車は男にとってのステータスのひとつとして見なされているようですが、不思議と女性にはあまり見受けられないですね。

高級車ばかりですので、お支払いについては背伸びし過ぎず背男呼ばわりされないよう計画的にご購入ください。

A.

●白石さんへの質問・相談

タワマンの
高層階に住む夢が
もうすぐ叶いそうです。
長い毛足のペットも
飼いたいのですが、
どんなのが
良いでしょうか。

●白石さんからの答え

それはおめでとうございます。タワーマンションの高層階、きっと素晴らしい眺めかと存じます。

ただ、エレベーターの移動距離が大きいことは、必ずしも便利ではないかもしれません。夢叶った暁には、ご家族とご相談されるのがよろしいかと思われます。

ところでタワマンのペットと聞いて、ついついクワマンのトランペットを連想してしまいました。まことに恐縮です。

トランペットは鳴らしてなんぼですが、ペットは控えめな鳴きの方がマンション住まい的には良さそうですね。

●白石さんへの質問・相談

マイホームは必要？　賃貸と分譲は、結局どちらが良いのですか？

●白石さんからの答え

どちらのご選択もあるということは、つまりはそれぞれの良さがあるのではないでしょうか。賃貸は分譲に比べ、ライフスタイルに合わせ住処を身軽に変更することができますね。

ただ、もうそろそろこの住まいも潮時か、と感じた場合でも転居のステップアップは、その飽きにかかわらず空き次第かと存じます。

住居販売は私達一般消費者に向けられた大きな商いの場です。分譲ご購入の際は飽きの来ないお住まいをご選択ください。

●白石さんへの質問・相談

今日も楽天負けたかぁ。
買いたいものあるのに
ポイントつかないやん！

●白石さんからの答え

野球の試合さながら、相手チームに特典を封じられたということですね。

勝つ時もあれば負ける時もありますので、引き続きご贔屓《ひいき》の球団にエールをお送りくださいませ。

いつの日か、セールでお返ししてくれることでしょう。

白石さんの言葉

「背中を押してくれたもの」

感染症のパンデミックがもたらした影響は、在学されている学生のみならず、大学生協の事業にも大きく及びました。２０２０年の上半期は大半の大学で登校を要する授業は実施されず、ほぼ全てオンラインで行われていました。教科書の販売は各ご自宅への配送とすることで、お渡しまでの道程は変われども利用はほぼ横ばい推移でしたが、食堂、食品は大学への来校、来店ありきのご利用業態です。その他旅行やWスクール、運転免許など、大学生協が推進・推奨する体験や、キャリアアップのための事業においても、その受け付け自体が停止していることが多く、たちまち経営面での難局を迎えることと相成りました。

経営対策として受け入れ先のご協力のもと、全大学生協職員向けに、他の地域生協、または他生協連合会への転籍希望者の募集が公的に発信されました。私は立場上、その発信の意図を噛み砕き、自らが所属する生協の職員スタッフにあらためて意思を確認して集約、報告する役割を担っておりました。ただ、同じ生協と名は付くものの全く別の組織への異動につき、おそらくは、これまで積み上げた習得業務やキャリアを一旦置き、自ら進んで転籍希望を名乗り出る人はほぼいないのでは、と率直に感じておりました。

通り一遍の説明を皆に伝えた後、落ち着いてからふと思い立ったのは、今回は自分自身が籍を転じた方が良いのではないか、という一案でした。前コラムで触れた高橋さんの声掛けには応じられなかったものの、これまで転職を考える機会が2回ほどあり、いずれも断念した経緯があったからです。その仕事内容には大いに魅力を感じる一方で、これまでお世話になっている温かい大学生協を、自らの我を通して退社し人事を動かすのは、という懸念がありました。というのは腰の重さを覆う言い訳で、実のところは、転職先の契約が年俸制であったり、または自らのパーソナリティが通用するか否かに掛かる案件だったりと、いわゆる月給制で賃金を得る職から博打を打って転じる自信が持てず、二の足を踏んでいたに過ぎません。

上述の転籍の場合、受け入れ先が変わらず月給制であること、かつ、転籍の主導が自分自身ではなく大学生協であるため、後任の人事も計画的に進行するだろうという、本音と建て前の二大懸念が解消される千載一遇の機会のように感じ、半ば翻るような形で自ら申し出ることとなりました。が、そこに至るまでの間も、懲りもせず二の足を踏むこととなります。単純に、新しい職場で新しい仕事を覚えられるか、という懸念のニューカマーの登場です。

ごくたまにめずらしく仕事内容を評され、「できる人」という旨を告げられると、内心嬉しさで舞い上がります。そのときは浮かれ過ぎて気が回らないのですが、一方、他者にその評が付いたとき、納得するときもあれば、そうでないときもあります。誰しもが持ち合わせる嫉妬の感情かとも思うのですが、その

Column

逆の悪評についても、果たしてそうか、と疑問を抱くことは少なくありませんでした。実際にその悪評君を部下として受け入れることになり、ある程度覚悟していると全く問題無く、むしろ意欲的かつ能動的に働き、頼りになったこともあるのです。かくして仕事に対する能力評価というのは実に朧《おぼろ》げな主観でしかなく、実は基準も頼りも無い指標であるということをかねてから体感しておりました。好き嫌いなどの職場の人間関係、引き継ぎのされ方、クローズアップの度合いなど、様々なものに左右されるものだと、自分なりの解釈があったのです。

ここで自らに立ち戻ると、当時から遡ること15年前に刊行していただいた書籍のお陰で、脳が若いと言われることがあり、自分自身もうっかりその気になってしまい、密かにそれを自負するようになっていました。ゆえに、新しい仕事の習得も問題無いだろう、と。しかし、本当にそうか。15年経った、今でもか。若いって、そもそもどこ調べだ。遡ればあの往復書簡のやり取りだって、自分でなく他の人発信だったら、もっと上手く行っていたのでは。客観的な指標の無さに不安は募り、またしても、二の足懸念案件。いったん後ろ向きになるとその景色は、闇の漆黒です。

一刻も早く闇を晴らすべく、私はその指標を求め情報の洪水に波乗りすることとしました。咄嗟《とっさ》の判断処理能力を測る脳年齢測定ゲームのようなものはあっても、その測定結果が他者と比べてどうかというのはわからず、その立ち位置がわかるのは無いか、と探してみたところ「Ｂｒａｉｎ Ｗａｒｓ」という対戦型の脳トレアプリに行き着きました。簡単な数字計算や、正しいものを選択しタップする問題、または展開予測など。言語に依らず万国共通の、一目で解る簡単なルールの下で勝ち負けを決める、習得度との相関性が低いゲーム内容です。このようなゲームを楽しむ方々は少なくとも脳トレ志向があり、そのコミュニティにおいて、ある程度強そうな人と互角に渡り合えば、少なくとも新しい仕事を覚える上での判断処理や飲み込みの良し悪しは測れるのでは、という考えのもと、退勤後に自宅で約1週間、しばしば入る広告動画に腰を折られながら、毎日1時間ほど戦い続けました。

結果として、私は「Ｂｒａｉｎ Ｗａｒｓ」に転職の背中を押してもらいました。人間の助言や本の格言などではなく、恥ずかしながら、スマホのアプリです。理想として思い描いた万全の対戦結果には若干至らないものの、あと数年したら全く勝てなくなるかも、と考えると「今のうちだ」と思い、申し出ることになりました。その後、縁あって日本生活協同組合連合会に採用いただき、関西支所にて営業担当部署に着任することになりました。

どんな仕事も処理能力のみならず、営業力や洞察力、コミュニケーション力など様々な力が様々な場面で必要とされると思われ、自分が果たしてお役に立てているかは不明です。しかし何らか壁のようなものに当たっていると感じたとき、いや、大丈夫、と思える励みになるものが心の内に有ると無いとでは、耐性が変わってくると思っております。たとえそれが、対戦型脳トレアプリの結果のような、他人が聞いたら実に儚《はかな》げに感じられるものであろうとも。

あとがき

本書籍刊行に向けた原稿や回答集約の最中に広報部へ異動の辞令を受け、およそ2年余りの大阪での単身赴任から、地元の東京に戻ることとなりました。講談社の伊藤さま、図らずも絶妙なタイミングでこのたびのお声掛けを賜り、本当にありがとうございます。

所属した関西支所の方々は誰もが温かく、かつ職務においては皆、各自が能動的に推進力を働かせ、困った時にはチームでバックアップする姿勢を以て勤しんでいます。上長にあたる方々による、部下の士気を自然に上げるアプローチの賜物かと存じます。自身が同じ職場で働けたことに感謝の意を表すとともに、果たして自分が前職において、部下やスタッフにこのような働き掛けは出来ていたのであろうか？　と、反省と学びを得ておりました。掛け替え無き恩人にも出逢え、勝手ながら、新大阪駅すぐの西中島南方《にしなかじまみなみがた》を、大学時代の長野県松本市に続く第三の学びの故郷と胸に留めさせていただきます。

営業先の会員生協としてお世話になりましたコープこうべは、地域の組合員の皆さまから「コープさん」と呼ばれています。お隣近所さんのような親しみがこもった関係が築けているのは、単に物を売る側買う側の間柄に留まらず、その地域に密着し支え合い、貢献されている故かと存じます。前職とはまた違った生協のあり方、愛され方を学ばせていただいた思いです。

この春から所属することとなる日本生活協同組合連合会の広報部では、弊会の Twitter アカウントにおいて「中の人」が軽やかに大活躍していました。コープ商品への狂おしくも愛溢れるツイートは多くのフォロワーを巻き込んでいるので、既にご存知の方もいらっしゃるかと思われます。ご存知でない方は是非この機会に@JCCU_PRをフォローしてみてください。偶然にも、この中の人と学生時代から縁があろうとは思いもよらず、感慨深いものがあります。

思いがけない感慨深さは、前職の大学生協によりもたらされることもあります。それは、当時の学生委員や店舗スタッフ、或いはヘビーユーザーの元学生さんから、就職や結婚、または新しい生命の誕生など喜びの報告が入ることです。社会への扉を開ける直前の数年間に関われたお陰で、希望に満ちた近況報告により幸せのお裾分けを頂戴できるのは、大学生協職員の、ちょっとした特権のような僥倖《ぎょうこう》です。ただ深入りすると、気が付けば何故か自分がお祝い動画の編集作業を担わされてしまうこともあるので細心の注意が必要です。それらのお礼も含め一刻も早く出世払いで、熟成肉やひつまぶし、または上質な生ハムを奢ってほしいものです。

と、このように書くと、心当たりのある者は焦って私に連絡するかもしれませんが、その必要はありません。貴様らは、まだ出世していないんです。その喜び報告の時で、良いんです。その頃はそちらも、アラフォーやアラフィフでしょうか。こちらはもう、現役引退です。せめて来るべきご馳走の場に備え、老いても歯を大切にすることとします。その際、歯ブラシと歯磨き粉の新調は、組合員証を携えつつ最寄りの生協で調達することを付記し、こちらの近況報告に代えさせていただきます。

帰《かえ》ってきた生協《せいきょう》の白石《しらいし》さん

2023年4月5日　第1刷発行

著　者／白石昌則《しらいしまさのり》

発行者／森田浩章
発行所／株式会社　講談社
〒112-8001　東京都文京区音羽2-12-21
電話　編集　03-5395-3474
販売　03-5395-3608
業務　03-5395-3615

KODANSHA

印刷所／凸版印刷株式会社
製本所／株式会社国宝社

イラスト／中島匠
装　丁／かがやひろし

ISBN978-4-06-529035-4
Printed in Japan

NDC159　135p　19cm